So haben wir das noch nie gesungen

nie gesungen

Chorleitung - eine Liebesgeschichte

Catrin Jacobsen

© 2022 Catrin Jacobsen

Fotos: susi_wildlife

Herstellung und Verlag: BoD – Books on Demand,
Norderstedt
ISBN: 978-3-7562-3097-6

Inhalt

Corona fesselte mich aufs Sofa, ich konnte keine Chöre leiten!

"Dann schreibe ich doch darüber!", dachte ich. Hier ist das Ergebnis.

Viel Spaß!

Pures Glück

Der Tag war lang, der Schreibtisch ist nicht leerer geworden, das neue Arrangement ist nicht so leicht von der Hand gegangen wie gedacht. Im Kinderchor hatte eines der Kinder einen Kicheranfall gehabt, ein zu Beginn künstliches Kichern und damit Ablenken der anderen mit dem meist erfolgreichen Bestreben, alle zum Lachen zu bringen und effektiv die Probe zu unterbrechen. Eine sehr nervige Angelegenheit, wenn man selber gerade "uncool" ist. Da hilft nur, sich innerlich in den Augenblick zu begeben, das Konzept zur Seite zu legen, mitzulachen und dann liebevoll wieder anzuziehen. Kriege ich nicht immer hin.

Erschöpft schleppe ich mich in die abendliche Chorprobe.
Bei den Einsingübungen piepst der Sopran, die Herren klingen nach Fußballplatz, die Altistinnen hauchen oder röhren um die Wette - je nach Tagesform.
Das erste Lied klingt wie noch nie gesehen und gehört. Die Unorganisierten finden ihre Notenblätter nicht, es schleppt sich dahin. Mein Probenkonzept geht nicht auf. Das Lied zu Beginn, eigentlich von allen bereits gut beherrscht, sollte Lust ma-

chen auf mehr, in der Mitte der Probe wollte ich konzentriert Neues erarbeiten, um am Schluss locker und mit Spaß Repertoire zu singen.

Ich halte inne. Sperre meine Ohren auf, höre hin, versuche, das Denken zu unterlassen. Ich lausche auf die Zwischentöne, die Erlebnisse des Tages, die Freude, die Müdigkeit, die Überforderung und Langeweile. Ich höre auf, kopfgesteuerte Pädagogin und didaktisch effektive Leiterin zu sein und verlasse mein Probenkonzept. Ich suche den Funken, die lebendigen Töne und greife mir die heraus. Erlaube mir, mit meinen Ideen, meiner Liebe zu dieser Arbeit, der Musik in mir im Fluss zu sein, und plötzlich beginnt der Raum mit diesen so unterschiedlichen Menschen zu leben. Die Kraft kehrt zurück, auch zu mir. Der Klang fügt sich zusammen, die Individuen lösen sich auf in der Gemeinschaft und finden sich dadurch selbst. Ein paradoxer Chorzustand, zugleich entspannt und extrem präsent zu sein.
Pures Glück!

Schwäne

Sopran sein ist toll! Ich bin selber einer und weiß, wovon ich spreche. Wenn es einem gelingt, hohe Töne gut im Körper zu verankern und dann loszulassen, bockt es einfach richtig!
Soprane sind rechthaberisch, sie dulden keine Stimme über ihnen. In Popmusik, Musical oder Gospel klingt es meistens besonders ausgewogen, wenn die Männerstimme bei 3-stimmigen Liedern über dem Sopran liegt. Der Alt übernimmt in solchen Stücken dann eher Bassfunktion.

Ich gebe die Töne an, singe auf den Anfangstönen: "Sopran - Alt - Männerstimmen", genieße die kurze Pause, bevor es losgeht und gebe den Einsatz. Ich kann fast sicher sein, dass die Soprane den Anfangston der Männer singen. Dies geschieht aus ihrem Gefühl heraus, dass sie selbstverständlich den höchsten Ton haben.
Falls ich es wage, die Soprane mal in 1. und 2. Sopran zu teilen, gebe ich es schnell wieder auf. Ein Sopran möchte nicht tiefer singen als ein anderer. Es geht gegen das innere Verständnis, gegen die Sopranidentität! Sie sind es einfach gewöhnt, immer die strahlende Melodie zu haben, und sie sind sehr süß in ihrer ehrlichen Empörung! Die Schuld

liegt auf jeden Fall bei der Person, die das Stück so arrangiert hat. Das halte ich aus, da dürfen sie gerne schimpfen. Chorsingen ist nun mal nicht demokratisch, das kann man drehen und wenden, wie man will. Manchmal frage ich, zur Belustigung aller, musikalische Zeichen oder Abläufe ab, vergebe Punkte an die Stimmgruppen. Am meisten Punkte bekommt, wer begriffen hat: "Eine Fermate bedeutet, wir singen solange, wie die Chorleiterin es will!" Tausend Punkte!

Wenn sich die Soprane ihrem Selbstverständnis hingeben und so richtig losschmettern, ohne falsche Rücksichtnahme; wenn sie sich selbst vertrauen und die Töne freilassen, lässt man sich gerne mit empor heben in diese himmlischen Höhen und verzeiht ihnen ihre Bockigkeit. Ich nenne sie gerne auch Sopräne. Sie können dieselbe unheil- und hoheitsvolle Ausstrahlung haben wie Schwäne.

Samt und Soul

Alte darf man sie nicht nennen. Altistinnen ist echt sperrig auszusprechen. Die Rede ist von den Damen mit den tieferen Stimmen, vom Alt. Sie sind großartig!

Wenn sie ihre Soul-Qualitäten rausholen und direkt vom Beckenboden singen, wenn sie keine Angst haben vor höheren Tönen, wenn sie das Hören ihren Ohren überlassen und das Lächeln der Töne nicht vergessen, dann ist so eine Altmelodie wie flüssiger Samt. Man möchte sich hineinlegen und umschmeicheln lassen, sanft gewiegt werden wie von einer Barkarole.

Leider glauben sie, dass sie nicht hoch singen können und deshalb im Alt sitzen, auch aus lauter falschem Respekt vor ihrer Kopfstimme. Bei Einsingübungen gibt es nicht wenige, die beim In-die-Höhe-Jagen bis zum Schluss dabei sind und so manchen Sopran abhängen. Kaum sind wir im Stück, und die Altstimme entfernt sich aus der Komfortzone, werden die Mienen gequält. Auf den Stirnen steht geschrieben: "Du weißt doch, das ist zu hoch!"

Anders als der Sopran singen sie gerne unter den anderen Stimmen, jonglieren klaglos die verrücktesten, ungelenkesten Stimmführungen, schleichen herum in den Untiefen der Stücke.

Im Anschleichen sind sie begabt. Selten singt der komplette Alt selbstbewusst den ersten Ton eines Einsatzes, knackig, klar und sicher. Das wird gern den von ihnen heimlich ernannten Stimmführerinnen überlassen. Damit sind sie nicht allein. Ein Viertel des Chores singt erst beim zweiten Ton mit, aus Angst vor der Verantwortung, das Stück zu beginnen. Über die Wirkung eines Stückes entscheiden maßgeblich der Anfang und der Schluss, in der Mitte darf es auch mal bunt zugehen. Also kann einem der Respekt vor dem ersten Ton schon mal den Mut nehmen.

Meine Philosophie: Kraftvoll loslegen! Es kann nichts Schlimmeres passieren, als dass es falsch ist. "So what!"

Sehr heilsam und erfolgreich waren einige erste zaghafte Auftritte in Corona-Zeiten. Viele Chormitglieder waren noch am Pausieren, manche trauten sich nicht in eine öffentliche Veranstaltung. Es entstanden Ministimmgruppen von manchmal nur 3 Altistinnen, 2 Sopranen und einem Mann, die ihre "Frau" und ihren "Mann" dann stehen mussten und es auch taten! Klasse!

Helden

Die vier Tenöre. Die drei Tenöre. Der eine Tenor. Letzteres ist eher das Normale in gemischten Chören. Es gibt höchstens einen echten Tenor in der Gruppe, wenn überhaupt. Ich kann mich glücklich schätzen, denn in meinen Chören gibt es tatsächlich mehrere. Männliche Stimmakrobaten, die heldenhaft ihren Gesang in die Höhe schrauben, wenn es gefragt ist, manchmal begleitet von hochgezogenen Brauen und unbekümmertem Blick: "Du wolltest es ja nicht anders!"

Sie lernen schnell, merken sich die Stücke und singen freiwillig ihre eigene Stimme. Sopran- oder gar Bassneid kennen sie nicht, denn sie sind stolz darauf, Tenor zu sein.

Es ist eine Lust, dabei zu sein, wenn sie mühelos über dem Chorsatz schweben, die Stücke mit ihrem schönsten Zuckerguss überziehen und kraftvoll über alle tonlichen Hindernisse hinweg galoppieren. Manche verirren sich zwischendurch in ihre Kopfstimme. Da ist nichts gegen einzuwenden, im Gegenteil, aber niemand verlangt von ihnen, mit ihrem Falsett bis in die Sopranlage aufzusteigen. Das überlassen wir lieber einem professionellen männlichen Sopran- oder Altsänger, dem

Altus, oder in alten Zeiten dem Kastraten.

Damit es keine Verwechslungen gibt, passe ich empfindlich auf, dass ich sie korrekt anspreche, als Tenöre. Manchmal rufe ich die Männer im Allgemeinen auf, da fühlen sie sich zugehörig. Leider kommt es auch vor, dass ich aus Versehen Bässe sage, wenn ich Tenor und Bass meine. Dann kann man selbstbewusste Helden beobachten, die sehr trotzig sitzen bleiben können. Ganz schlimm ist es, wenn ich sage, Tenöre und Männer. Das ist dann nicht mehr zu reparieren.

Es tut mir leid!!!!

Unbestechlich

Bass, Bässe, besser.

Oder Bassisten. Bassistinnen gibt es nicht. Nicht wirklich. Außerdem mag ich das klangfarbenmäßig nicht sehr, wenn Frauen in den Männerstimmen wildern, aber das ist Geschmacksache und gehört nicht hierher.

Gibt es wirkliche Bässe in normalen gemischten Chören? Oder gar Schwarze Bässe? *Schwarz ist hier eine offizielle Bezeichnung für eine dunkle Klangfarbe, für besonders tiefe Bassstimmen.* Wirklich tiefe Töne sind nicht leicht, klangvoll zu kriegen, die Höhe lehnen Bassisten ab, falls sie merken, dass es gerade in die Höhe geht. Wenn wir auf der Chorfahrt gemeinsam "Griechischer Wein" schmettern mit dem Udo, dann geht alles, und Udo war nun wirklich Tenor.

Es ist also eine Frage der Perspektive.

Bässe sind wunderbar; wenn die Stimme vor Sättigung nur so schmatzt, das Fundament unbestechlich steht, sie sich einig sind und einander finden in ihrer Tragfähigkeit, oder sie auch mal klaglos die Melodie übernehmen. Das tun sie gerne, die Melodie übernehmen. Das tun sie gefragt und ungefragt, auch, wenn es untersagt ist. Insgeheim sind sie auf den Sopran neidisch. Umgekehrt freuen sie sich diebisch, wenn es ihnen gelingt, den Sopran zu irritieren. Die Damen lassen sich durchaus auch mal dazu verleiten, den Bass mitzusingen, wenn der in dem bestimmten Stück die höchste Stimme hat. Aber da bin ich unerbittlich: Getauscht wird nicht!

Niemand kann so unnachahmlich ausstrahlen wie die Bässe, wenn sie ihre Stimme mal unzumutbar finden. Sie stehen da wie begossene Pudel, ähnlich wie wir es alle von früher kennen, wenn Mutti im Laden mit dem ungeliebten Kleidungsstück im Arm sagte: "Zieh doch mal an. Angezogen sieht es gleich ganz anders aus." Wir gaben uns dann alle Mühe, genau so auszusehen.

Feste Plätze

"Feste Plätze gibt es bei uns nicht."
So werden Neuankömmlinge begrüßt und liebevoll platziert, gerne zwischen zwei "Alte Hasen",
um gleich von allen Seiten gut beschallt zu werden. Nun, es gibt keine festen Plätze, wenn man
von den ungeschriebenen Gesetzen und so mancher Grüppchenbildung absieht.

A sitzt immer neben B, und auch immer in der ersten Reihe. C immer in der zweiten, D immer in der
dritten Reihe, und das hat nichts mit der Körpergröße zu tun, wie man meinen sollte. Ich bin selber recht kurz gewachsen, habe aber das Bedürf-
nis, optisch alles mitzubekommen. Ich würde mich
daher immer, wenn es möglich ist, nach vorne setzen. Im Chor funktioniert es unerklärlicherweise
Weise anders, jedenfalls bei den Damen.
Die Herren hingegen können das. Sie kennen ihre
Körpergröße und kalkulieren uneitel, wo sie am
besten sitzen oder stehen. Die Damen werden von
anderen Gründen getrieben, die ich nicht kenne.
Vielleicht möchten sie sich meiner unmittelbaren
Kontrolle entziehen? *Lustig!* Auch in der vierten
Reihe wären sie nicht außer Hörweite. Und, dass
heimlich Chats und Fußballergebnisse gelesen

werden, lässt sich in keiner Reihe verheimlichen oder gar von mir verhindern. Auch die Damen verfolgen Torchancen!

Manchmal wollen alle Soprane in der zweiten Reihe sein. Sie setzen sich allen Ernstes wirklich dort hin! Es kommt vor, dass ich einfach die erste Stuhlreihe entferne. Ätsch!

Sabotage

Ich möchte Noten austeilen. Noten für ein neues dreiseitiges Stück. Wie immer habe ich dem Kopierer die korrekte Anzahl der gewünschten Kopien eingegeben, plus 4 überzählige, für alle Fälle. *Da ich alles selber schreibe oder arrangiere, darf ich kopieren.*
Ich habe 4 Möglichkeiten:

1. Ich lege für jede Notenseite einen, also insgesamt drei Stapel aus, sichtbar am Eingang, zum Selbernehmen. Viele holen sich sofort alles, sind gewissenhaft bemüht, immer ein vollständiges Repertoire zu besitzen. Manche nicht, sie werden dann während der Probe wohlwollend und laut hantierend von den anderen versorgt, die dichter dran sitzen. Oder sie drängeln sich halt durch die Reihen.
Manche denken an andere, nehmen für Susi, Marianne und Hinz, von denen sie wissen, dass sie in dieser Probe nicht da sein können jeweils ein Exemplar mit. Susi, Marianne und Hinz decken sich ihrerseits dann in der folgenden Probe auch ein, nicht ahnend, dass für sie so liebevoll gesorgt worden ist.

2. Ich lege einen Stapel mit sortiert gedruckten Notenblättern hin, mit dem Hinweis, sich immer die oberen drei verschiedenen Zettel zu nehmen. Ich glaube, dieser Versuch kann hier unkommentiert bleiben.

3. Ich gebe die in Beispiel 1 beschriebenen drei Stapel herum, das heißt, nacheinander in eine Reihe, mit dem Hinweis, sie serpentinenartig weiterzugeben, nämlich eine Reihe hin, die nächste zurück, und so weiter... .
Spätestens die dritte Person greift einen Ministapel ab, gibt den nach hinten zu den Sangesschwestern und -brüdern, glaubt, dass es so schneller ginge. Das stimmt für die Sangesgeschwister direkt dahinter, aber ab jetzt ist das Durcheinander vorprogrammiert. Stapel begegnen sich plötzlich. Stapel drei kreist im rechten Flügel, Stapel eins im linken, in der Mitte kommt gar nichts an. Ergebnis: Manche haben zwei gleiche und eine andere Seite, manche nur eine Seite, manche nichts.

4. Die Methode, Noten als PDF zu verschicken zum Selberausdrucken kann vernachlässigt werden, denn das Ausdrucken geschieht nicht, mit ganz wenigen Ausnahmen.

Es steht ein Auftritt an:

Wie immer stelle ich eine Liste der wahrscheinlichen Lieder zusammen, verschicke sie an alle mit der Bitte, nachzugucken, ob jemandem noch etwas fehle. Ich würde gegebenenfalls auf Anfrage gezielt die vermissten Exemplare mitbringen, aber nichts mehr auf Verdacht.

Es gibt diese Chorleute, die mich rechtzeitig anschreiben, mich um dieses oder jenes bitten; wunderbar, bringe ich mit. Und es gibt diejenigen, die mich eine halbe Minute vor Beginn der Probe ansprechen, weil sie die verschiedensten Noten brauchen. Seite zwei von diesem, beide Seiten von jenem, und überhaupt, ein anderes Lied würden sie gar nicht kennen. Oder mitten in der Probe: "Hast du davon nochmal die 2. Seite für mich?" Ich könnte es mit einem Achselzucken abtun. Seltsamerweise machen mich solche (eigentlich) Lappalien richtig sauer. Mir ist es nämlich wichtig, dass jede*r Einzelne eine echte Chance hat, mitzukommen, die Stücke zu lernen; Blattsänger*innen sowie absolute Laien ohne Notenkenntnisse. Darauf richte ich meine Proben aus. Das Material nicht dabei zu haben, empfinde ich als Sabotage meiner Didaktik. Ich weiß, dass das nicht so gemeint ist. Es ist auch albern von mir, so zu reagieren, aber auch ich habe meine Empfindlichkeiten!

Also: Welche Methode ich auch immer wähle, am Ende fehlen einigen Chorleuten Notenblätter, manche Seiten sind doppelt und dreifach im Besitz. Die letzteren werden mir rechtschaffen zurückgegeben, eines Tages. Einzelne unzusammenhängende Notenblätter liegen dann plötzlich auf anderen Notenhaufen, darauf wartend, von mir zurück sortiert zu werden.

Auf jeden Fall aber befindet sich auf den Reststapeln von Tag eins der Notenausgabe jeweils eine andere Anzahl von Notenblättern.

Wahrscheinlich hat sich der Kopierer verzählt!

Mag ich nicht

Jede funktionierende Gruppe setzt sich aus bestimmten Temperamenten zusammen, die alle vertreten sein müssen, damit das Gleichgewicht stimmt. So lautet eine Theorie.

Es gibt die Mutigen, die leicht zu begeistern sind. Die Bedenkentragenden, die immer erst alle Zweifel ausgeräumt haben müssen.

Die Lauten und die Vorlauten, die zu allem sofort eine Meinung haben, diese aber auch gerne wieder ändern.

Die Stillen machen erst einmal alles mit, melden sich dann kurz zu Wort, auf den Punkt und sind oft sehr überzeugend.

Manche sind tapfer, sprechen Probleme und Fehlverhalten an, kritisieren auch mal die Gruppenleitung, also mich. *Ich bin dankbar dafür, darauf hingewiesen zu werden, falls ich mich mal verrenne oder im Ton vergreife!*

Ich stelle ein neues Lied vor. Im anschließenden Gemurmel ist alles dabei:

"Au ja, das wird schön."

"Das lernen wir nic."

"Mag ich nicht."

"Schon wieder was neues!"

"Jetzt wart mal ab, Catrin hat mit uns schon so manches hingekriegt."

Eine diverse Gruppenzusammensetzung ist wichtig für die Dynamik. Insgesamt schreitet die Arbeit dann gleichmäßig und ruhig voran, denn das Anschubsen und Bremsen, das fröhliche Bejahen und Nörgeln halten sich die Waage.

Und dann sind da noch die, deren Namen nicht genannt werden dürfen.

Sie geben den Klassenclown! Sie verhalten sich demonstrativ verantwortungsvoll und gehen liebevoll auf die Nerven.

Sie sind hilfsbereit, zuverlässig und pünktlich. Sind sie mal nicht pünktlich, wird das Erscheinen von lauten Erklärungen begleitet.

Sie stellen lästige Fragen, die andere sich nicht trauen in den Mund zu nehmen, obwohl letztere heimlich auch damit beschäftigt sind. Diese Fragen halten manchmal auf, sind aber oft lohnend.

Sie übernehmen Verantwortung, erledigen Teamaufgaben selbstständig, schnell und zuverlässig, manchmal wohlmeinend vor dem vereinbarten Zeitpunkt des Teamtreffens, als Überraschung.

Sie haben ein dickes Fell. Kritik prallt an ihnen ab, dass man ihnen voller Bewunderung dabei zusieht. Man möchte sich davon eine Scheibe abschneiden. Diskussionen führen nicht selten dazu, dass sich die ganze Gruppe irgendwann die Tränen abwischen muss, vor lauter Heiterkeit. Unsere Clowns lachen herzlich mit, und alles ist gut! Sie sind nicht beleidigt und man kann ihnen umgekehrt auch nicht böse sein.

Nach einer Unpässlichkeit der Chorleiterin bringen sie Genesungsblumen mit. *Dankeschön!*

Sind sie einmal nicht einverstanden mit der eigenen Leistung beim Singen oder dem Notentext, finden vielleicht eine bestimmte Stelle nicht, wird eine Fassungslosigkeit im Gesicht zur Schau getragen, die unnachahmlich ist. Gerne begleitet von mehreren Takten Kopfschütteln, hilflosem Hin-und-her Blättern und den Worten: "So haben wir das noch nie gesungen!".

Ich kann mir keinen Chor ohne sie vorstellen!

Diven Alarm

Ich kenne meine Diven, meine weiblichen, meine männlichen; die Allüren sind so vielfältig, wie die Klangfarben ihrer Stimmen. Man kann es ihnen eigentlich nicht recht machen. Ich muss es wissen, ich bin ja selber eine.

"Wer möchte diese Strophe solosingen?", frage ich, wohl ahnend, wer dafür infrage kommt. Ich kenne die üblichen Verdächtigen. Niemand meldet sich.

Ich wähle also aus, streng nach dem Gerechtigkeitsprinzip, denn es sollen möglichst alle beim nächsten Konzert eine attraktive Aufgabe bekommen. Dabei ist zu berücksichtigen, wer lange schon kein Solo mehr abbekommen hat, wobei die Zeitspannen ähnlich empfunden werden wie von einem Kind die Zeit zwischen zwei Geburtstagen, also gefühlt zehn Jahre. Ich schaue, ob das Solo lang oder kurz, langsam oder schnell, hoch oder tief ist und achte dabei streng auf die "Bruchlage" der einzelnen Personen. Ein Thema für sich, besonders bei Sopranen. *Es gibt die tiefere kraftvolle Bruststimme und die volltönende, glockig klingende Kopfstimme. Das Kunststück ist, den Übergang geschmeidig hinzukriegen und die verschiedenen*

Resonanzbereiche zu mischen.

Habe ich dann meine Wahl kundgetan, herrscht unterschiedlich zu interpretierendes Schweigen. Ich lese in dem Gesicht des Glückspilzes ein höflich unterdrücktes "Yes!". In den anderen auffällig unbewegten, duldsamen Gesichtern ein "Sie weiß doch, dass ich es gewollt hätte, mich aber nur vornehm zurückgehalten habe!".

Ich leide mit ihnen, weiß ich doch, wie es sich anfühlt, solo zu singen. Es ist einfach berauschend schön; man wächst an sich, genießt die Situation und empfindet Freude und Stolz.

Und das bin ich auch! Ich bin stolz auf sie. Darauf, dass sie sich trauen, dass sie dazulernen von Mal zu Mal, dass sie sich so direkt einbringen. So direkt wie ein Mensch sich nur zeigen kann, mit der eigenen nackten Stimme. Ich bin dankbar und stolz, dass sie sich vertrauensvoll von mir tragen lassen, mit Selbstbewusstsein und Lust ihre Selbstzweifel angehen und sich hinstellen und singen. Und dann geschehen diese Momente: Sie werden eins mit der Situation, dem Lied und dessen Bedeutung, mit sich, mit mir und dem Publikum und leben ihre Stimme. Dabei ist es unerheblich, ob man etwas von Musik versteht oder nicht, ob die Stimme ausgebildet ist oder nicht. Wenn mit geöffneten Herzen und Ohren gesungen wird, werden Begriffe

wie Profi oder Laie überflüssig.
Da darf man dann auch ein bisschen Diva sein.

Löwin

Wenn jemand meinen Chorleuten dumm kommt, werde ich zur Löwin! Sie sind mir anvertraut und verdienen es, von mir beschützt zu werden. Vor Kritisierenden, Veranstaltenden und auch manchmal vor Fans; vor gutgemeinten Handyfilm-chen, die in den Medien zu sehen sind, bevor der Auftritt zu Ende ist.

Manchmal beschütze ich sie auch vor sich selbst. In der Pause zwischen zwei Auftritten ist es nie eine gute Idee, sich Aufnahmen in Handyqualität von dem eben gesungenen Stück anzuhören. Das Schöne an Livemusik ist, dass man das musikalisch Erlebte in sich trägt, das Gefühl wiederbeleben kann, sich erinnert. Man muss lernen, seinen eigenen Ohren und Wahrnehmungen zu vertrauen. Später darf man es sich gerne anhören, kann sich daran weiterentwickeln, aber mit zeitlichem Abstand! Und man sollte sich die Menschen, mit denen man das zusammen anhören möchte, sehr genau aussuchen.

Manche aus dem Publikum kommen nach Konzerten auf mich zu, glauben, meine Solosingenden beurteilen zu dürfen und auch zu können. Da lernen sie mich kennen. Das erlaube ich nur den wenigsten Vertrauten.

Auch innerhalb des Chores wird natürlich geredet. Das ist menschlich, und ich kann selbst von mir nicht behaupten, dass ich gegen Lästeranfälle immer immun bin. Auch kriege ich nicht alles mit, was im Chor auf Nebenschauplätzen passiert. Falls aber über Sangesgeschwister und ihre Stimme geschludert wird, verbitte ich es mir mit Nachdruck. Chorsingen ist wie Boot fahren. Jede Stimme ist an ihrem unverzichtbaren Platz, und es schwankt gefährlich, wenn jemand verunsichert ist.

Als gute Löwin muss man sich auch um das Dach über dem Kopf kümmern. An manchen Chor-Standorten ist das einfach. Uns wird Raum gegeben, weil es begrüßt wird, dass es uns gibt; für Corona-Draußen-Proben werden kurzerhand Zeltdörfer errichtet, damit wir es zwar nicht warm, aber trocken haben. Beispiellos wundervoll!

In anderen Chor-Heimaten werden der Chor und ich oft mit sehr kurzfristigen, manchmal unzumutbaren Änderungen der Probenraumsituation konfrontiert. Unvorhergesehenes Pendeln zwischen zwei Räumen in einer Schule, zwischen zwei Schulen, Kirche und Gemeindehaus ist keine Seltenheit. Es wäre eine Pendlerpauschale wert, oder wenigstens einige Getränke für die nächste Feier. Flexibilität ist gut, aber nicht als Einbahnstraße. Find' ich!

In einigen Räumen empfiehlt es sich, beim Eintreffen ein Foto von der exakten Stuhl- und Tischkonzeption zu machen, um es genauso wieder zu hinterlassen. Sonst gibt's Ärger. Und bitte nicht über das Parkett schlurfen, mit nassen Schuhen.

Einem Betrieb war es schlicht egal, ob wir einen Ort zum Proben finden während der Corona-Schwierigkeiten. Es war ihnen auch total wurscht, was aus uns wird! Gut, dass es so tatkräftige hilfreiche Chorratsmitglieder gibt, die übernehmen, wenn die Löwin aufhören muss, um sich zu beißen. Der Zahnarzt würde einfach zu teuer werden.

Die Frage für die Löwin ist immer: brüllen oder nur gucken?!

Ich bilde mir immer ein, ich habe meinen Gesichtsausdruck im Griff. "Witzig!", würden meine Chorleute jetzt sagen.

Ein Chormitglied hatte einmal beobachtet, dass ein unmittelbar bevorstehender Auftritt bei einem Festival spontan gekürzt werden sollte; von der Moderatorin, die sich selber, mit ihren eigenen

Textbeiträgen zeitlich enorm verkalkuliert hatte. Wir standen bereits "Stand By" hinter der Bühne und sollten den zeitlichen Ablauf des Festivals jetzt retten, nachdem alle anderen in Ruhe ihre Auftritte absolviert hatten. Ich war also in Verhandlungen, weigerte mich hartnäckig, unseren ohnehin kurzen Auftritt noch weiter zu beschneiden. Dieses besagte Chormitglied beobachtete mein Gesicht.

O-Ton: "Gleich ist sie tot!" und damit meinte sie nicht mich.

Scheitel

Ich kenne sie alle!

Die geraden Scheitel, die breiten Scheitel, die blonden Haarschöpfe, die brünetten und die grauen, die beginnenden und vollendeten Glatzen. Sprich, die oberen Kopfansichten meiner Männerstimmen.

Es geht um erwachsene Männer, charmant und kräftig, immer bereit, ein Podest oder das Klavier irgendwohin zu schieben. Oftmals mit einer gehörigen Portion Mut ausgestattet, da sie sich in den kleineren Männergruppen stimmlich nicht verstecken können. Ich habe Chöre geleitet, in denen jeweils ein Mann es jahrelang unter und mit den Frauen ausgehalten hat, alleine seine Männerstimme singend! Bewundernswert!

Komischerweise haben viele von ihnen aber trotzdem eine unerklärliche Schwäche der Armmuskulatur.

Ein bis zwei Din A4 Notenblätter, okay, mit schweren Noten beschrieben, aber mit einem Gewicht von 10 Gramm sind zu viel für sie.

Die Arme ruhen entspannt auf den Beinen, der Kopf neigt sich im Studium der schwarzen Punkte auf den Notenlinien, während die Chorleiterin, also ich, verzweifelt versucht, Kontakt aufzunehmen. Sie sind dem übrigen Chor bereits um zwei Schläge voraus geeilt in ihrem Überschwang, das Lied hinter sich zu bringen. Dass längst abgebrochen wurde, merken sie erst nach mehreren Takten, und auch nur, weil hilfreiche Damen ihnen in die Seite boxen. Dies wird dann mit zunächst verständnisloser und dann lausbubenhaft lächelnder Miene zur Kenntnis genommen, Besserung gelobt und sich wieder gerade hingesetzt. Man kann die Takte an einer Hand abzählen, bis die Arme wieder der Schwerkraft gefolgt sind und die Köpfe mit.

Sie wissen nicht, was sie verpassen.
Ich könnte sie anlächeln, ihnen die Zunge herausstrecken, eine Grimasse schneiden oder ihnen gar mit meinen Lippenbewegungen in den Text und in die Einsätze helfen. Sie werden es nie erfahren!

Ich. Bin. Nicht. Fröhlich.

"Behalt dir deine gute Laune!"
"Du bist immer so fröhlich!"

Komisch. Manches, was aus echt empfundener Dankbarkeit gesagt wird und als Kompliment gemeint ist, kann bei mir unglaublichen Trotz hervorrufen. Ich freue mich sehr über diese Rückmeldungen, einerseits, aber dennoch: Fröhlichkeit, gute Laune - das sind für mich abstrakte, nicht wirklich existierende Gefühlszustände. Außer vielleicht, man ist frisch verliebt und läuft mit seligem Im-Kreis-Grinsen durch die Gegend.
Mit den Begriffen Freude, Zufriedenheit, Beziehung, Echtheit und Gefühl kann ich mehr anfangen.

Wenn ich eine Chorprobe beginne, lasse ich mich ein, weil ich diese Arbeit liebe. Ich lasse mich ein auf den Moment, auf die Menschen, die vor mir sitzen, auf die Musik. Das funktioniert je nach Chor und je nach dem, was ich zuvor erlebt habe, schneller oder langsamer. Manchmal gelingt es gar nicht. Dann wird eine Probe technisch und zäh, aber das passiert zum Glück eher selten.

Ich lasse mich also ein. Das bedeutet, ich höre hin, was die Stimmen brauchen, singe vor, übe die Passagen, versuche, die Ohren für den entstehenden Klang zu öffnen und kitzle den Ausdruck für das jeweilige Stück heraus. Ich möchte, dass alle im Raum irgendwann im Hier und Jetzt angekommen sind, im Zustand der höchsten körperlichen Konzentration und gleichzeitig großer Entspannung im Aufgehobensein der Gemeinschaft. Tagesgeschehen findet seinen Kanal.

Gleichzeitig läuft in meinem Kopf die pädagogischdidaktische Schiene ab. Was muss noch wie trainiert werden, wo ist der große Wurf dran ohne Rücksicht auf kleine Einzelgenauigkeiten, was strahlt bereits.

Durch diese intensive Beziehungsarbeit - Chorsingen lebt von der lebendigen Bindung untereinander und an die jeweilige Chorleitung - entsteht Freude, Zufriedenheit und manchmal Glück. Es hat nichts damit zu tun, wie es von der Hand geht. Banal gesprochen ist die Frage, ob die Chorleute gerade gut singen oder nicht, dafür unerheblich. Die intensive Arbeit mit ihnen, diese Arbeit, die ich liebe, bringt erfüllende Freude, die ich wiederum ausstrahle.

Ich bin manchmal guter Laune, oft albern und sogar fröhlich, einfach zusätzlich. Im Alltag laufe ich meistens mit einem ernsten Gesicht herum - das unterschreiben alle, die es mit mir aushalten.

Ohne Netz

Andere Chorleitende werden es kennen:
Seit Wochen, Monaten übst du diese eine Stelle.
Der eine Sprung stimmt nie, die Einsätze sind nicht
mutig genug, deine Chorleute gucken und reagie-
ren nicht, lassen sich also auch nicht helfen. Der
Text wird buchstabiert und die Töne sind schief.
Hin und wieder klappt es; dir gelingt es aber nicht,
es wiederholbar zu machen, es wirklich in die
Masse Chor hinein zu injizieren.
Das Konzert ist quasi übermorgen und du siehst
keine Entwicklung. Die Generalprobe bleibt unter-
spannt und gestresst zugleich.
Und dann, beim Konzert, geschieht es:
Die Augen leuchten dich an, die Musiker haben
mit dir ein perfektes Tempo gefunden, der Geist
des Stückes schwebt über allen und es funktio-
niert. Das Stück steht plötzlich einfach vor dir und
ist da! Der Klang, die Freude, die Einsätze und
Töne finden zusammen, alles stimmt!
Nicht selten fließen dann Tränen.

Oftmals folgen Konzerte einem ähnlichen Prinzip
wie dem einer Gruppenzusammensetzung: Die
Balance muss stimmen.
Nach dem oben beschriebenen Stück wird wahr-

scheinlich eine vermeintlich "sichere Bank", ein Repertoire-Lieblingsstück, voll schiefgehen! Genau das macht Livemusik aus, ohne Netz und doppelten Boden. Volles Risiko!

Einzigartig

Das interessante und bereichernde in einer Chorgemeinschaft sind die vielen unterschiedlichen Charaktere, und, dass alle eine Meinung zu allem haben.

A steht immer in der ersten Reihe. Falls das mal nicht so ist, wird es sofort herbeigeführt. *Geht schneller, als ich gucken kann.*

B möchte nie mehr neben **A** stehen, niemand weiß, warum. *Dem Konflikt aus dem Weg gehend, halte ich mich daran.*

C steht nicht neben einem Tenor. *Ist nicht immer leicht, okay.*

D steht nicht in der letzten Reihe. *Aber irgendwer muss dort stehen!*

E nicht in der ersten. *Aber meckern, wenn man in der zweiten Reihe nichts sieht.*

F meldet sich in regelmäßigen Abständen zu Wort, mit der Forderung, mal wieder etwas Deutsches zu singen. *Klar, machen wir, wenn mir etwas Passendes für euch und die Situation in die Hände fällt.*

G möchte mal wieder etwas Schönes singen. *Ich bringe nie etwas in die Probe mit, das ich doof finde.*

H war länger nicht bei den Proben und wünscht sich, mal wieder was zu singen "was wir können". *Was kann ich sagen!? Halt lange nicht da gewesen.*

I fragt gerne nach der genauen Interpretation, nach laut und leise, Schlusstongestaltung und dergleichen mehr, bevor die Stimmgruppe die Melodieführung verstanden hat. *Eins nach dem anderen!*

J meint, ich könnte dieses fröhliche Stück doch nicht auf den schwarzen Tasten begleiten, die wären doch für traurige Stücke. *Äh - wo fang ich an? Beim "Wohltemperierten Klavier" oder der Zeit der Kirnberger und Werkmeister Stimmungen auf den historischen Cembali?*

K bis **T** mutieren mit dem Verklingen des letzten Tons in einer Probe zu Expert*innen, die dringend der Nachbarperson erklären müssen, wie diese oder jene Passage, das ganze Stück richtiger gewesen wäre. Es wird mitgeteilt, was besonders gut gelungen ist und was komplett nicht geklappt hat, inklusive diverser Lösungsvorschläge. *Ich hätte es nicht besser sagen können, was täte ich nur ohne sie? Vielleicht selbst etwas sagen?*

Ich stehe vor ihnen, öffne den Mund, atme dann aber unverrichteter Dinge wieder aus. Hin und wieder erlaube ich diese Diskussionen, denn manchmal muss sich eine Probenspannung entladen. Vielleicht hatten sich große Erwartungen aufgebaut oder die Probe war anstrengend in der Konzentration gewesen. Aber geschieht so etwas wiederholt bei Hauptproben, werde ich schon mal sauer.

U bis **W**, deren Namen nicht genannt werden dürfen, schaffen es, in die bestürzte Stille nach einer deutlichen Ansage von mir, irgendetwas sagenhaft unwichtiges kund zu tun. *Danke, dass ihr es für alle anderen übernehmt, meine Schärfe dann abzukriegen.*

X, **Y** und **Z** sind immer da, können ihren Kram, haben aufgepasst, wo sie wann sein sollen, wissen, wie der "Dresscode" ist, singen schön und richtig und verlässlich. *Danke, dass es euch gibt!*

Schwerkraft

Schwerkraft ist eine tolle Sache. Sie sorgt dafür, dass wir nicht abheben, auch wenn uns leicht, sonnig und euphorisch zumute ist, wie oft beim Singen. Sie gibt uns den Anker, dass wir uns trauen können, auf der Musik zu fliegen.
Auch Chöre unterliegen der Schwerkraft.
Laienchöre, Kantoreien, Profichöre, Betriebschöre, Vokalensembles - alle kämpfen mit ihr. Die Rede ist vom Zu-tief-Singen, unsauber singen, im schlimmsten Falle schief singen.

Der Alt, ob samtig oder soulig, ist oftmals sehr tiefenentspannt, also sehr entspannt und tief. Üben wir das (höhere) Hören, sitzen sie plötzlich alle mit extrem langen Hälsen da, hochgezogenen Augenbrauen und riesig aufgesperrten Augen; bis sie sich dann wieder daran erinnern, dass die Ohren das alleine können. Ohren kombiniert mit der Stimme: Sahne mit etwas Vanille und Kakao.

Eine Abwärtsmelodie im Sopran: Es ist vorprogrammiert, die Töne bekommen Hängebäuche, die sich von Ton zu Ton fortpflanzen. Kritisiere ich das, ernte ich ein Stöhnen, und - siehe da - sie kriegen es hin. Manchmal ist es ihnen einfach zu anstrengend, hervorragend zu singen und damit unbestechlich schön! Strahlend blauer Himmel!

Die Bässe beginnen als Einzelkämpfer. "Einer für alle!" Dass sie mit den anderen Bässen links und rechts zusammen singen und klanglich verschmelzen sollen, ist ihnen erst einmal suspekt! Aber wenn sie ihre Ohren öffnen, sich an "Alle für einen!" erinnern und mich dann auch noch anstrahlen, können sie wunderbar schweben, in Eintracht sonnige Lagen erreichen. Sternstunden.

Die Tenöre haben in erster Linie recht. Einer übertönt gerne den anderen, im Versuch, den Melodieverlauf zu erklären. Zu tief sind sie dabei meistens nicht. Eher schießen sie übers Ziel hinaus. Da sind dann deeskalierende Fähigkeiten gefragt. Ruhig, ganz ruhig! Das Ziel ist, unaufgeregt den Gipfel zu erreichen, mit Frische und Munterkeit in der Stimme wie ein perlender Gebirgsbach. Gipfelkreuz!

Sie alle können, wenn sie wollen. Das ist mir klar! Meine Aufgabe: Dass sie wollen!

Notenfutter

Ich fahre ins Probenwochenende, habe endlos neue Noten, Lieder, Texte und Übungen im Gepäck und im Kopf; dies sind meine Gedanken:

Diese Ballade werden sie lieben, die wird funktionieren, singt sie sich doch wie von selbst. Etliche Stücke müssen "fertig" werden an dem Wochenende, winkt doch ein Konzert einige Wochen später; und erfahrungsgemäß wirkt alles in der ersten Probe nach der Chorfreizeit völlig neu, wie noch nie gesungen. Das muss einen nicht erschrecken, das ist normal, und das Erlernte kann schnell wieder zum Vorschein gebracht werden, da es im körperlichen Stimmgedächtnis verankert ist.

Man kann das Problem der ersten Probe nach so einem Wochenende so umgehen: Direkt am Tag danach ein Konzert geben. Man erlebt einen Chor in einer geschützten Gemeinschaftsblase voller wunderbarer Erlebnisse und frischer Musik - großartig. Aber länger als einen Tag darf man nicht warten.

An dem Wochenende selber geht das Lernen mit der Zeit immer schneller, entfaltet eine Sogwirkung, da muss man genügend Futter haben.

Ich bin sicher, diese schnelle "Up-time"-Nummer wird schwierig werden; zu viele zackige und komplizierte Einsätze, dieses zu hoch, dieses zu tief, die Altstimme wieder mal etwas kryptisch. *Warum nehmen so wenige Chormusik-Arrangierende die Altstimme wichtig? Manche schämen sich nicht, die Damen stundenlang ein und denselben Ton singen zu lassen, gefolgt von einem eigentlich nicht zu erwartenden größeren Sprung, nur damit der Sopran seine Melodie und der Bass die Grundtöne behalten darf! Unter diesen bizarren Sprüngen leiden auch oft die Tenöre; die turnen da herum in ihrer Stimme, dass es eine Freude ist.*
Dies ist auch ein Grund, warum ich fast alles für meine Chöre selber arrangiere.

So etwa laufen meine Überlegungen.
Ich kann sicher sein: So wird es nicht werden!

Die Lieblingsstücke werden andere sein als gedacht. Die unsingbaren Töne oder Passagen, an denen wir uns die Zähne ausbeißen, werden in dem vermeintlich leichten Lied liegen, und das schwere Lied wird fast vom Blatt gesungen. Arrangements, die ich vorher unterhaltsam und schön fand, werden von einigen gemobbt. Die vermeintlich sinnliche Ballade finde ich plötzlich selbst langweilig.

Das ist prozessorientiertes Arbeiten. Das ist Musik mit Menschen. Das ist Livemusik und "Timing"! Alles zu seiner Zeit!

Zu einigen Stücken muss man die Chorleute liebevoll zwingen, auch gegen Widerstände, denn manch musikalische Schönheit erschließt sich erst bei näherer Beschäftigung damit. Es lohnt sich, durchzuhalten, wie zum Beispiel bei "Ave verum corpus" oder der "Misa Criolla"!

Manche Lieder verweilen geduldig jahrelang auf meinem Bereitschaftsstapel, bis ihr Moment endlich gekommen ist.

Auf den Moment für "Elijah Rock" warte ich in vielen Chören schon seit Jahren vergeblich.

Von Anfang an

Es ist großartig, zu sehen, dass Singen ein Urbedürfnis ist und allen Menschen, auch Kindern und Jugendlichen gleichermaßen Kraft gibt! Ohne falsche Barrieren wird alles gesungen, was Spaß macht, ob in der Schule, am Nachmittag im Freizeitchor oder bei Auftritten.

Ich freue mich darüber, Kinder und Jugendliche zu erleben, die sich auch in kirchlichen Räumen sicher bewegen, sich zu Hause fühlen. Kein bisschen respektlos, sondern einfach vertraut, ohne falsche Distanz.

Für Heranwachsende ist es wichtig, kleine Heimatstätten neben dem eigentlichen Zuhause zu haben, die ihnen Geborgenheit zum Reifen geben.

Kleine und größere Persönlichkeiten treffen sich, verbunden durch das gleiche Interesse. Manche gehen lebhaft direkt auf die anderen zu, andere träumen vor sich hin, vergessen manchmal, wo sie eigentlich gerade sind und wozu. Einige schwimmen mit, in der Sicherheit der Gruppe, die Mutigen sind ganz vorneweg mit dabei.

Das gemeinsame Singen fördert ihre Verbundenheit, fokussiert durch das gemeinsame Produkt, das Lied. Auch ist es lohnend, selbst in dieser Altersgruppe, sich mit der Stimme und dem Körper zu beschäftigen, denn es werden sehr unterschiedliche Voraussetzungen mitgebracht: Es gibt die Kinder, die noch nie gesungen haben, auch zu Hause nicht. Diese müssen ihre Stimme erst finden und auch lernen, sie mit den Ohren zu kontrollieren. Anderen hört man an, sie singen seit ihrer Geburt, hoch und tief, mühelos. Andere brummen, da setzt sich die Sprechstimme durch. Und dann gibt es die Sternchen. Die kleinen Stimmenwunder, denen ich Raum gebe. Stimmen, in denen man bereits die kleinen Persönlichkeiten entdeckt, die bereits die innere Sehnsucht, den "Need" zu singen, kennen. Die reine Freude, so einen Beginn ins singende Leben zu begleiten.

Es geht einem das Herz auf, wenn sie aus voller Kehle Songs schmettern, ausdrucksvolle Kindermusical Balladen singen oder einfach Spaß haben an Bewegungsliedern.
Es ist anrührend und macht mich stolz, die ehrlichen Augen der Jugendlichen zu sehen, die mit Haut und Haaren in einem Song aufgehen.
Wenn sie im Gemeinschaftsmusical über die Bühne turnen, nicht nur ihren eigenen Text, sondern meistens auch den der Erwachsenen draufhaben, selbstbewusst in ihren Rollen aufgehen und zur richtigen Zeit am richtigen Ort ihre Lieder darbie-

ten, dann platze ich vor Stolz! Eine schöne Arbeit, die mich immer wieder erdet.

Viel Holz

Ja, es gibt ihn, den Blockflötenchor, es mag für manche neu sein. Blockflötengruppen haben alle schon mal erlebt, ein Blockflötenchor ist dasselbe, nur in groß. Ich kenne Gruppen mit 15-25 Teilnehmenden, ich kenne aber auch ganze Säle voll mit Blockflötist*innen, mit bis zu 100 Leuten; ein unglaublich mächtiges und schönes Erlebnis!

Blockflötengruppen und -chöre unterliegen denselben Gruppengesetzen wie Gesangschöre. Es gibt keine festen Plätze, aber ungeschriebene Gesetze. Sie haben ihre Vorlieben und Abneigungen, was die Auswahl der Stücke angeht, und sie haben immer eine klare Meinung zu allem. O-Ton nach dem ersten Vom-Blatt-Durchstolpern eines neuen Stückes: "Das ist ja grässlich!" *Gib dem Stück eine Chance!*
Manche backen unermüdlich Kuchen für die Probentage, andere haben keinen eigenen Bleistift dabei. Sie sind pünktlich oder notorisch unpünktlich, sie sitzen lieber, als dass sie stehen, und oft ist ihnen das Stück Holz in der Hand zu schwer. Die Arme sinken herab, die Blockflöte schaut nach unten, der Ton auch.
Körperübungen als "Warming Up" zu Beginn der

Probe werden von manchen begrüßt, von den meisten allerdings skeptisch beäugt. Mit der Zeit gewöhnen sie sich daran, ergeben sich! Ob es auch geschätzt und als sinnvoll empfunden wird, frage ich vorsichtshalber nicht nach.

Es gibt die Fleißigen und die, die nie üben, die alles vom Blatt spielen.

Da sind die Vorsichtigen, die jeden Versuch, ein schnelles Tempo vorzulegen, bremsen und die Rasenden, die oft allen davon eilen.

Anders als bei den Gesangschören verstecken sich die meisten am liebsten im Alt oder Tenor, im Glauben, die Mittelstimmen seien etwas einfacher als die Oberstimme oder der Bass. Auch ist es mit der Alt- und der Tenorblockflöte einfacher, miteinander zu verschmelzen in der Intonation. Sopranblockflöten unisono zu spielen, dass sie klingen, wie eine, ist eher eine schwierige Aufgabe. Die kleine Obertonstruktur verbietet Unreinheiten. Trotzdem können die Spielenden es gar nicht leiden, wenn man sie trennen möchte, in erste und zweite Sopranstimme. Sie bleiben lieber vereint.

Mit den Bassblockflöten macht das Miteinanderverschmelzen noch mehr Spaß, aber da muss man ja erst den anstrengenden Bassschlüssel lernen, was sich allerdings lohnt, winken nicht nur die

Bassblockflöte, sondern auch noch Groß- und Subbass.

Manche öffnen sich meinen Methoden, eine bestimmte Stelle so zu üben, dass man sie sich richtig einverleiben kann. Andere wissen es besser und erklären es, durchaus auch mal ungefragt, der Person neben sich, auch gerne während meiner Erläuterungen. Sie beginnen immer wieder von vorn, in dem Glauben, dass die schwierige Stelle im musikalischen Zusammenhang leichter zu bewältigen ist und plötzlich und unerwartet klappt. Nicht selten probieren sie es bis zu fünf Mal, danach ist die Flöte schuld und wird immer wieder ausgewischt. Eine andere beliebte Tätigkeit, um anstrengenden Fingerübungen vor Ort zu entgehen, ist das Hoch- und Runterstellen des Notenständers; justieren im Millimeterbereich. Ähnliches passiert mit den Notenblättern; besonders, wenn zu zweit darauf geguckt wird. Ein herrliches Gerangel um die beste Sicht!
Auch liegt es eher an der Brille und dem Licht, wenn eine bestimmte Stelle schwierig zu spielen bleibt.
Einlenken musste ich in diesen Fragen spätestens, als ich die Mitte-Vierzig-Marke überschritt. Vorher dachte ich, dass das Lesen-Können reine Willenskraft ist. Ich wurde eines Besseren belehrt!

Nach all diesem Üben, Durchhören, immer wieder Probieren kommt der magische Moment, in dem es gelingt. Sie hören aufeinander, es entsteht ein Strickmuster aus den unterschiedlichen Stimmen: Verwoben, sich treffend, musikalisch erwartet oder überraschend, mit dem warmen Sound eines aufeinander abgestimmten Holzbläserensembles. Die Obertöne treffen und potenzieren sich - da kann nur eine Orgel mithalten.

Beim Blockflötenchor ist noch der menschliche Atem dabei, der die Musik trägt. Unverzichtbar!

Die Sinnfrage

Gleichgewichtssinn:
Das Zwerchfell trägt unsere Töne, wie ein gespanntes Trampolin; nicht zu stramm, nicht zu labbrig. Da es am Kreuzbein anliegt, entscheidet die Kippstellung des Beckens mit über die perfekte gute Spannung.
Ich habe am Anfang meiner Chorleiterinnenlaufbahn gewagt, meinen Sängerinnen das Tragen von hohen Absätzen verbieten zu wollen.
Ich habe das Thema nie wieder angeschnitten.

Ohren:
Es ist eine echte Aufgabe beim Chorsingen, sich selbst zu hören und auch bitte die anderen nicht auszublenden. In großen Chören kommt es vor, dass man sich selbst eher fühlt als hört; auch etwas, das man erst lernen muss.
Im Idealfall hört man zusätzlich auch noch das begleitende Klavier. Nicht als unabänderliches Ärgernis, sondern als das alles vorgebende Bezugssystem, mit dem es tonlich zu verschmelzen gilt, um schöne Ergebnisse zu erzielen.
Gern gegebene Antwort auf meine Aufforderung, darauf zu achten: "Ach so. Sag das doch!"

Augen:

Auch die Augen haben viel zu tun.

Falls nach Noten gesungen wird, muss die Zeile wiedergefunden werden, da die Chorleiterin zwischendurch, am liebsten durchgehend, angesehen werden möchte. Ist nicht leicht.

Die Augenwinkel haben die Aufgabe, die Gospel-Choreographie zu registrieren. Eine komplexe Herausforderung! Ganz ehrlich.

Tastsinn:

Der Tastsinn wird tatsächlich nicht wirklich gebraucht beim Singen, außer beim geräuschlosen Umwenden der Notenblätter. Und gefummelt wird nicht!

Riechen und Schmecken:

Spätestens bei der Chorfreizeit oder beim Kneipengang nach der Probe werden diese Sinne lebhaft gebraucht und bedient. Ist auch wichtig!

Gedächtnis:

Unser Erinnerungsvermögen ist nicht wirklich ein Sinn, stimmt! Aber ungemein sinnvoll!

Es ist gleichermaßen erstaunlich; einerseits, was das Gehirn sich nicht merken kann, auch nach häufigem Probieren und, andererseits, was es sich einprägt. Manche bewältigen komplizierte Choreographien während sie singen. Sie schauspielern sogar zusätzlich. Das kann für diesen Typ Mensch eventuell leichter sein, als etwas ohne Bewegung zu singen. Andere konzentrieren sich lieber voll und ganz auf die Musik. In jedem Fall ist beim Singen und auch beim Musizieren mit Instrumenten das körperliche Gedächtnis gefragt. Manche Passagen sind einfach in den Fingern oder in den Muskeln des Stimmapparates eingebrannt und können abgerufen werden, selbst wenn man an etwas Anderes denkt oder gar die falschen Noten vor Augen hat. Bemerkenswert und ein beglückendes, gleichzeitig seltsam hilfloses Gefühl. Es spielt aus einem heraus. Es singt!

Intuition:

Menschen meines Jahrgangs werden sich vielleicht erinnern, an eine kurze regelmäßige Fernsehsendung mit Tipps rund um den Straßenverkehr. Heute ist sie Kult! "Der Siebte Sinn!"

Wachheit, Sinn für Atmosphäre, Gefühl für die Chorgeschwister und Wahrnehmung des Publikums sind genauso wichtig wie Aufmerksamkeit auf den Straßen.

Mit Hilfe dieses Sinns brauchen wir uns nicht mehr so angestrengt auf musikalische Verabredungen zu konzentrieren, wir fühlen die Wünsche der Chorleiterin, bevor sie gezeigt werden.

Wir tanken während des Singens auf, bevor unsere

Energie verbraucht ist.

Wir passen auf und reagieren, müssen deshalb nicht lästig Takte zählen, um den anderen Stimmen Vorfahrt zu gewähren.

Wir stoppen gemeinsam mit der Vollbremsung am Schluss, bemerken, wenn Gefahr im Verzug ist und die Aufmerksamkeit besser nach vorn zur Chorleiterin gehen sollte, anstatt Omi im Publikum zuzulächeln.

Singen ohne Stoppschild, mit allen Sinnen!

Sensibelchen

Was ich lerne?
Kurz vor einem Auftritt neige ich dazu, noch diese oder jene Kleinigkeit hinein zu rühren in die Chorsuppe. Schon während ich das in der letzten Probe tue, spricht meine innere Stimme zu mir und rät mir ab: "Lass es! Verwende die Zeit für etwas Anderes, fürs Aufwärmen oder gar Loben! Mehr Zutaten braucht es nicht! Überwürzen war noch nie eine gute Idee."
Wenn ich diesen Prozess nicht gestoppt kriege, ärgere ich mich hinterher. Ich habe Unsicherheit verbreitet, Stress gemacht, wo keiner nötig gewesen wäre, der auch nicht hilfreich ist.

Manchmal - selten - hilft es, Stress zu machen.
Bei manchen Solosingenden, die sich vielleicht ein bisschen zu sehr auf ihren Lorbeeren ausruhen hilft eine direkte klare Ansage kurz vorher, etwa beim "Soundcheck". Allerdings muss glasklar sein, worum es geht, und es muss sofort umsetzbar sein. Bei diesen führt der Stress dazu, dass sie wieder genauer achtgeben und sich auf das Lied konzentrieren. Solche Ansagen müssen sehr sorgfältig dosiert werden und, sie dürfen von niemand anderem kommen, als von mir! Eine "unbefugte

Person" hat sich mal getraut, jemanden anzuspre-
chen: "Ist das denn so schwer?!" Die hat es mit
mir zu tun bekommen. Futter für die Löwin!

In jeder Gruppe muss ich herausfinden, wer was
verträgt. Wer braucht hin und wieder einen
Spruch, gerne auch vor der Gruppe, denn das
kann den Druck auch rausnehmen. Wer verträgt
es nicht, reagiert allergisch und, das wichtigste,
wann ist es genug.

Ich erinnere mich immer wieder daran: Sie kommen freiwillig, in ihrer Freizeit und geben sich
Mühe, es gut zu machen! Alle!

Ich selber bin mit leidenschaftlichen, aber auch
schimpfenden, Noten schmeißenden Chorleitern
aufgewachsen. Vom Kinderchor, über Kantorei bis
zum Hochschulvokalensemble kenne ich die Mün-
der, die zu beleidigten Strichen werden, wenn eine
bestimmte Stelle immer wieder falsch gesungen
wird. Die Sensibelchen von Chorleitern haben jeden Fehler, jedes Vertun persönlich genommen.
Zu allem Überfluss haben viele auch noch Alters-
begrenzungen eingeführt, als wäre man ab einem
willkürlichen Zeitpunkt nicht mehr singfähig und
gruppentauglich. Ich lehne das entschieden ab; in
meinen Chören gibt es Menschen von Mitte neunzig und das ist gut so!

Sensibel muss man als Musiker*in sein. Doch als erstes hat man die eigene Probenarbeit zu hinterfragen, wenn die Stücke schwierig bleiben in der Verwirklichung. Gehe ich zu forsch voran? Beiße ich mich an Nebensächlichkeiten fest? Oder, ist die Stückauswahl für diese spezielle Gruppe zu diesem Zeitpunkt vielleicht keine gute Idee? Ist ein Menü ausgewogen mit schwerer und leichter Kost, aromatisch schmeichelnd und pikant?

Ob fad oder kräftig, ob leicht oder schwer, niemand singt mit Absicht schräg!

Moral

Person X betritt den Probenraum, winkt Y zu, spricht Z an; rückt Stühle zurecht, schält sich umständlich aus der Jacke. Es ist sieben Minuten nach acht, die Probe läuft bereits. Eine gute Konzentrationsübung für mich.
Über Probenmoral lässt sich vieles berichten.

Der Chor als Solidargemeinschaft mit regelmäßig Teilnehmenden steht denjenigen Mitgliedern gegenüber, die nur hin und wieder Stippvisiten bei den Proben machen. Einmal an der Musik nippen hier, ein kleines Singerlebnis da - das kurze Eintauchen in die Singgemeinschaft fühlt sich gut an. Alle würden allerdings gleichermaßen beteuern, welchen immensen Stellenwert das Chorsingen in ihrem Leben hat. Ich weiß, dass das auch tatsächlich als wahr empfunden wird! Viele merken gar nicht, wie oft sie fehlen, sind ehrlich empört, wenn sie ein Stück noch gar nicht kennen, das zum fünften Mal geprobt wird. Das kann ich dann nur weglächeln. Lächeln und nicht davor zurückschrecken, Chormitglieder auch mal zu enttäuschen.
Die Erwartung, selbstverständlich das Konzert mitsingen zu dürfen, ohne geprobt zu haben, ist ein Zahn, der gezogen werden muss; zunächst sanft,

bei Wiederholungstäter*innen auch mal ohne Betäubung! Da kann es passieren, dass man sich auf der Ersatzbank "ausruhen" muss.

Ein Hundertmeterhürdenlauf ohne vorhergehendes Training der Muskeln ist zugegebenermaßen gefährlicher für den Körper, als ein Konzert zu singen, ohne die Lieder zu kennen, aber lohnend ist beides nicht. Man kommt seinen Kumpels in die Quere, grätscht unsensibel dazwischen. Vor dem Auftritt gilt also:

Üben ist unverzichtbar und stärkt die Gruppenmoral!

Hat man fleißig mitgeprobt, wird eines wichtig für mich: Loben, loben und nochmals loben! Aber bitte nicht zu pädagogisch! Womit gemeint ist, bitte nicht erkennbar pädagogisch. Meine Tricks verrate ich hier nicht.

Dazu kommt: Auf Lob reagieren die Menschen unterschiedlich. Die meisten freuen sich. Andere glauben mir nicht, sind sehr kritisch.

Ich nehme sie ernst mit ihren Zweifeln, fordere aber nachdrücklich ein, dass sie sich von mir an die Hand nehmen lassen. Es muss nicht jede Sekunde der Probe von allen intellektuell durchschaut werden, im Gegenteil! An hartnäckige Fälle adressiere ich hin und wieder ein: "Vertrau' mir!".

Wenn alles musikalisch fertig vorbereitet ist, kommt man zum Eingemachten:
Dass alles läuft!

Wer trägt die Podeste?
Wer hilft mit den Kabeln?
Wer kümmert sich um den Werbetext?
Wer räumt auf?
Wer stellt Stühle hin?
Wer stellt sie wieder weg?
Wer fegt die Krümel zusammen?
Wer sammelt die Spenden ein?
Wer verteilt die Mitsingzettel?

Manche sind sehr gut im Aussitzen, wenn diese Fragen gestellt werden.
Viele, immer dieselben bringen sich zu den meisten Gelegenheiten ein. Erwähnt werden müssen hier die wunderbaren Anhänge der Chorleute, mancher Nachwuchs und andere Helfershelfer*innen! Ohne sie ginge gar nichts! Andere wiederum haben immer als erstes den After-Show-Drink in der Hand. Sie haben ein erstaunlich untrügliches Gefühl für den rechten Zeitpunkt, fast als letztes zu gehen, aber auf jeden Fall vor Beginn der Aufräumaktion.
Wie im richtigen Leben!

Bei einem bestimmten Thema darf man nicht allzu moralisch werden:

Schwätzen während der Chorprobe!

Die Leute haben sich eben viel zu erzählen, das ist schön. Sie entspannen sich beim Singen von ihrem Alltag, das lockert die Zunge und ist gesund. Das ist einerseits verständlich, und doch so nervig! War das schön in den Corona-Chorproben: Draußen bei lautem Wind und Verkehrslärm; 2,5 Meter Abstand - herrlich! Sie konnten nicht schwätzen, weil sie sich nicht hören konnten.

Ich konnte sie auch nicht hören, aber das war ein anderes Problem. Gut, dass diese Zeit (hoffentlich) vergangen ist. Das war schon etwas gespenstisch.

Übrigens gehöre ich selber mit zu den Schlimmsten. Singe ich irgendwo im Chor, bin ich die erste, die mit der Nachbarin schwätzt.

Und die Moral von der Geschicht', unterschätze eine Chorgemeinschaft nicht! Denn die wird verteidigt, darin sind sich alle einig.

Da hat man es dann mit einem ganzen Rudel Löwinnen und Löwen zu tun!

Klassenfahrt

Wenn man auf Chorfreizeit geht, erlebt man, wie jedes Chormitglied zu einem Gemeinschaftswesen mutiert, auch die erklärten Einzelkampftypen. Es ist wie früher auf der Klassenfahrt, wenn das Wichtigste war, einen Platz im Bahnabteil mit den Beliebten zu ergattern, und man in Hamburg-Harburg alle Brote aufgegessen hatte.

Ich behaupte, um eine echte tiefe Chorgemeinschaft mit Basis zu sein, muss man mal zusammen gefeiert haben, besser, zusammen weggefahren sein;

muss neun Stunden, fast am Stück gesungen haben, bis der Schweiß tropft;

muss sich gegenseitig beim Essen in der Jugendherberge zugesehen haben, inklusive der unverzichtbaren Diskussionen, wie man am besten Eier kocht;

muss eine Wasserflasche unter dem Probenstuhl zerdeppert haben;

muss zu viel Naschkram gegessen und selbstgemachte Eierliköre getrunken haben und sich nachts um zwei oder morgens um sieben wiedererkannt haben, trotz der sehr spannenden Hausschuhkollektionen, die zum Vorschein kommen.

Einmal habe ich zwei Diskutierende am Sonntag morgen kurz vor sieben noch immer am Partytisch sitzend vorgefunden. Sie hatten sich offensichtlich viel zu erzählen. Leider bin ich unerbittlich, was das pünktliche Erscheinen bei der Probe angeht. Wer feiern kann, kann auch singen.

Aber wie den beiden geht es vielen. Man findet sich plötzlich wieder in langen intensiven Gesprächen mit Menschen, mit denen man im Chor bis dahin nicht soviel zu tun hatte. Das findet statt bei langen Spaziergängen und ist oft sehr aufschlussreich!

Viele kommen durch das Spaziergehen während der Stimmproben soviel an die frische Luft, wie sonst eine ganze Woche nicht.

Irgendein Chormitglied schafft es während so eines Wochenendes immer, entweder das Alarm-Schließsystem einer Tür auszulösen oder aber den Zimmerschlüssel im Zimmer zu lassen. Ein ungeschriebenes Gesetz lautet: Das muss weit nach Mitternacht geschehen. Dann ist der Anruf bei den Herbergseltern auch maximal unangenehm, die es allerdings jedes Mal mit Fassung tragen. Sie sind wahrscheinlich daran gewöhnt.

Am besten ist der Samstagabend. Die intensivsten Proben sind geschafft, viele Gespräche geführt, viele Mahlzeiten gegessen - gefühlt ist man ständig am Essen - und nun wird gefeiert.

Wir finden uns wieder beim Gucken alter pubertierender Filme. Wir leiden und singen voller Inbrunst mit bei den Filmmusik-Liedern, die wir gerade frisch im Repertoire haben. Wir erleben uns beim intensiven Tanzen zu Abba. Seltsamerweise können alle die Songs mitjodeln, auch die bekennenden Nicht-Abba-Fans. Wahrscheinlich haben sie es von Chorfahrt zu Chorfahrt langsam aber sicher gelernt.

Euphorisch gefeiert werden die sehr unterhaltsamen Kurzauftritte unserer Rampensäue - herrlich! Es werden Fernsehshows nachgespielt und uralte Sketche erneut ausgegraben; früher hieß das: Der gespielte Witz! Nicht selten werde ich dabei durch den Kakao gezogen, ernte aber auch viele Trophäen. Insgesamt kümmern sie sich rührend um mich, die ich an dem Wochenende überhaupt nicht an die frische Luft komme und nur den Übungsraum von innen sehe. Ich werde mit Kuchen und Tee versorgt, und gehe am Sonntagmittag erschöpft, aber glücklich nach Hause. Im Gepäck: ein Lorbeerkranz, ein Adventskalender, ein Überlebenspaket für die Stimme, ein Zauberstab, ein silberner Orden und sogar eine goldene Krone!

Tränen der Liebe

Der Moment, in dem ich sie alle liebe. Der kommt unverhofft um die Ecke gebogen, hat die unterschiedlichsten Auslöser.

Wir beginnen ein Stück, das wir in der letzten Probe schon ganz gut konnten.
Ich mache keine Vorübung, möchte es nur als "Opener" rasch durchsingen lassen, gebe die Töne an und muss dann feststellen, dass nichts da ist. Sie singen Kraut und Rüben, haben absolut keinen Plan. Ich lasse in gespieltem Entsetzen theatralisch den Kopf auf die Tasten fallen, wir lachen herzlich, und ich habe sie einfach lieb.

Oder es kommt alles zusammen.
Der Sopran erfindet neue Melodien, der Tenor flüstert oder brüllt, der Alt singt ungewollt mehrstimmig, im Bass singt jeder für sich; plötzlich singen sie wunderschön, dann wieder nicht. Ich kann mich auf den Kopf stellen, nichts klappt. Von irgendwoher kommt ungefragt die Wertung: "Mein Lieblingsstück wird das nicht!". Die Klassenclowns machen ihr fassungsloses Gesicht, alle merken, es ist der Wurm drin.

Ich liebe sie, auch für ihr Vertrauen, sich mir gegenüber so offen zu zeigen.

Es kommt vor, dass mich meine Chorleute zu Tränen rühren. Entweder, weil sie etwas sehr intensiv singen, oder weil nach stundenlangem Feilen ein Lied plötzlich in all seiner Schönheit verstanden und gesungen wird. Dann weine ich aus Dankbarkeit. Aus Dankbarkeit für die gemeinsame intensive Arbeit und Konzentration, in der alle bemüht sind, es sich und mir recht zu machen.
Auf Chorfreizeiten freuen sie sich besonders darüber. Es ist eine Art Sport geworden, mich mindestens einmal an dem Wochenende zum Weinen zu bringen. Das wird jedes Mal als Erfolg gefeiert, und dann habe ich sie erst recht lieb, was den Tränenstrom nicht gerade zum Versiegen bringt. Nicht selten weinen dann etliche mit. Ach, ist das schön!

Wenn der Moment im Konzert erreicht wird, in dem alle innerlich angekommen sind. Es läuft, wir haben Kontakt, wir lieben uns.

Oder es überfällt mich in der ersten Sekunde einer normalen Probe. Ich lasse alle aufstehen, viele Augenpaare sehen mich erwartungsvoll an, freuen sich auf neunzig Minuten intensives Erleben.
Liebe.

Musik war und ist ständig präsent im Leben von **Catrin Jacobsen**. Aufgewachsen in einer kirchenmusikalischen Familie in Hamburg-Altona war sie schon früh vertraut mit der Gestaltung von großen musikalischen "Events" und Konzerten. Als Konzert-Blockflötistin, Instrumentallehrerin, Chansonsängerin, Musikkabarettistin und Workshop-Leiterin war sie in vielen europäischen Städten unterwegs.

Vor 16 Jahren ist Chorleiten als neue Leidenschaft hinzugekommen. Sie leitet mehrere Gospel- und Betriebschöre, kleinere Vokalensembles und Kinder- und Jugendchöre. Außerdem veranstaltet sie regelmäßig Chor-Workshops mit dem Schwerpunkt Musical.

Catrin Jacobsen ist Wahl-Schleswig-Holsteinerin, singt und kocht in Pinneberg-Waldenau.

Danke

Ich möchte mich ganz herzlich bedanken, zuallererst bei meinem wundervollen Mann Axel, der mich immer bei allen Vorhaben unterstützt. Kein Gedanke ist ihm zu schräg, kein Werdegang zu kompliziert. Probleme sind dazu da, gelöst zu werden, mit Hartnäckigkeit!

Kritisch und wohlwollend haben mir zugehört, Korrektur gelesen, Mut gemacht und Ideen beigesteuert: Unser lieber Sohn Peer-Ole und die wunderbaren Freund*innen Chris, Christian, Ingrid, Martina und Wolfgang. Gerd, du hast die richtigen Fragen gestellt. Danke euch allen!

Großartig stand mir Arne mit Erfahrung und Rat zur Seite. Unermüdlich wurde mitgedacht und nach Lösungen gestöbert, auch von Christoph, als ich mit dem Computer kämpfte.   Danke für eure unaufgeregte Präsenz!